NOTICE BIOGRAPHIQUE

ARNAUD

AF562673

David MARTIN

NOTICE BIOGRAPHIQUE

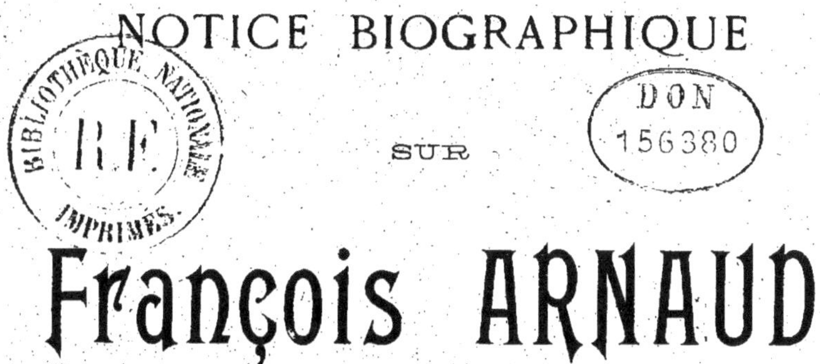
BIBLIOTHÈQUE NATIONALE
R.F.
IMPRIMÉS
DON
156380

SUR

François ARNAUD

ANCIEN NOTAIRE A BARCELONNETTE

Membre fondateur de la *Société d'Etudes des Hautes-Alpes*

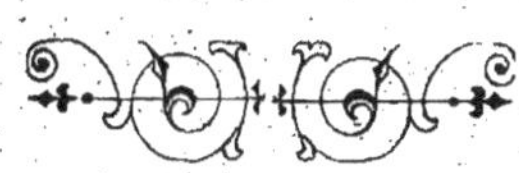

GAP
L. JEAN ET PEYROT, IMPRIMEURS-ÉDITEURS
1909

8° Ln27 57980

BIBLIOTHÈQUE NATIONALE RF IMPRIMÉS

NOTICE BIOGRAPHIQUE

SUR

FRANÇOIS ARNAUD

Ancien notaire à Barcelonnette

Membre fondateur de la *Société d'Etudes des Hautes-Alpes*

Donner une notice nécrologique sur François Arnaud est une tâche redoutable que nous n'avons acceptée de nos confrères qu'avec la plus vive appréhension. Car, qui jamais pourrait écrire la biographie de cet alpin éminent de manière à satisfaire aux exigences de tous ceux qui l'ont connu ? Il est des vies, au cours uniforme, et dans lesquelles tous les lendemains n'ont guère présenté que la répétition des faits des jours passés : il n'en a pas été ainsi de François Arnaud. Si avec sa haute intelligence, ses vastes connaissances, son intarissable gaîté et ses brillantes qualités, son beau caractère est toujours demeuré semblable à lui-même dans l'idéal de vie qu'il s'était un jour tracée, nous le trouvons divers dans ses multiples études, dans ses nombreux travaux, dans son action politique ou sociale.

François Arnaud n'a pas traversé le ciel de l'Ubaye comme un météore qui projette une unique traînée de lumière. Il était un étonnant foyer d'idées brillantes, de conceptions hardies, de connaissances précises et variées, qui lui permettaient, non seulement, de se reconnaître et de s'orienter sans indécision quand la conversation passait, sans tradition, d'un sujet à un autre, mais encore de produire de remarquables travaux dans des ordres d'idées très divergents.

Ses connaissances si étendues étaient tout d'abord le fruit d'études classiques sérieuses, mais surtout d'un travail opiniâtre et soutenu jusqu'à son dernier jour.

François naquit à Barcelonnette pendant la saison des fleurs de 1843. Son enfance se passa dans ce beau bassin de Barcelonnette, en face des ravissants prés-bois de mélèze de Goudeissart, et en partie aussi chez son oncle, dans le riant bassin de Seyne-les-Alpes.

Dans ces gracieux horizons alpestres, l'enfant grandit sous le souffle caressant d'une mère douce et aimable qui s'appliqua à lui former le cœur et le caractère.

Le souvenir de sa mère lui avait laissé une impression ineffable qu'il traduisait en disant, dans les heures d'intime abandon : « S'il y a un autre monde, je n'y serais heureux que si j'y suis placé près de ma mère ».

En 1853, le jeune François commença ses études classiques au collège de Barcelonnette. Il garda de ce premier âge une vivante impression dont on retrouvait les réminiscences non seulement dans ses conversations, mais jusque dans ses écrits qu'émaillaient des peintures vives de sa chère *Barcilonna*, des souvenirs de ses jeux d'enfant à travers les vieux et sombres portiques, la silhouette des bonnes vieilles revenant de la prière et abritant discrètement leur lanterne sous leur tablier, des descriptions de l'antique outillage du pays, et des coutumes séculaires, mais variées suivant les saisons, de sa chère ville natale.

Il alla ensuite achever ses études classiques au lycée de Lyon, et fit son cours de droit à Paris.

Pendant toutes ces études, Arnaud avait surtout à cœur d'acquérir les connaissances qui mettent un homme à la hauteur de sa situation.

Mais chaque année, il revenait, avec enthousiasme

se retremper dans les joies de la vie de famille, et revoir sa chère Ubaye, et les prés-bois de Goudeissart qui développaient devant sa fenêtre leur incomparable tableau de graciosité alpestre.

Arnaud, avec sa nature ardente, son activité exubérante, était tout à tout. Il était ardent au plaisir, mais il ne s'y oubliait pas. Il était le plus agréable et le plus gai des camarades, mais il était, avec une persévérance soutenue, un infatigable travailleur, aidé en cela par un esprit prime-sautier qui s'assimilait avec une merveilleuse facilité les connaissances les plus variées.

Avec ses remarquables aptitudes, Arnaud aurait pu occuper une position plus en vue dans un centre important. Mais son esprit positif et son amour familial ne se laissa pas griser par les séductions de la capitale. Aussitôt qu'il eut conquis sa licence en droit, il préféra revenir dans sa belle Ubaye pour y reprendre le cabinet de notaire qu'avait géré son père.

Il se mit aussitôt à compulser les minutes des notaires, les archives de Barcelonnette, et celles des autres communes de la région, les vieux cadastres et les anciens parcellaires.

Il recueillit ainsi une masses de faits, de documents, de renseignements de toutes nature, sur les événements intéressant le pays, sur la vallée, ses habitants, sur les us et coutumes, sur les montagnes, les variations de climat, même sur les dictons et la langue de l'Ubaye. Ce fut là une mine féconde dans laquelle il puisa abondamment pour ses publications. Mais le temps lui a manqué pour mettre le tout en valeur.

Cependant Arnaud était trop homme du monde pour s'isoler et s'oublier dans ses recherches. Il était l'initiateur de toutes les fêtes, « de toutes les promenades » comme on désignait alors les excursions, et le bouteen-train de toutes les réunions.

Sa haute stature, la souplesse de sa voix. ses connaissances aussi étendues que variées, son répertoire inépuisable de littérature, de bons mots, d'historiettes, de chansons (car il était à la fois poète et musicien), captivaient l'assistance et faisaient de lui le personnage le plus recherché.

Pendant cette vie de travail et de joyeuses agapes, la guerre de 1870 éclata comme un coup de tonnerre. Arnaud n'hésita pas à faire son devoir et il fit la campagne comme commandant des mobilisés des Basses-Alpes.

Nous avons éprouvé un véritable regret, qu'aucun de ses compagnons d'armes ne se soit trouvé là pour dire, sur sa tombe, ce qu'avait été Arnaud pendant cette campagne, et avec quelle sollicitude éclairée et constante il s'était occupé de ses hommes.

Après la guerre, Gambetta l'appela à la sous-préfecture de Sisteron pour apaiser les divisions de cette petite ville provençale. Nul mieux qu'Arnaud n'était capable de satisfaire à une pareille mission, et nous savons d'ailleurs avec quelle autorité il y arrêta les séditions populaires.

Mais l'administration lui pesait et sitôt qu'il vit le calme revenu, il résilia ses fonctions et rentra dans sa chère *Barcilouna,* pour y reprendre, avec la direction de son cabinet, ses savantes recherches interrompues.

Il avait entrepris ses études en vue d'un travail sur l'histoire de sa ville natale et sur la vallée d'Ubaye. Mais à mesure qu'il avançait dans le dépouillement des vieilles archives, l'horizon s'ouvrait devant lui et le champ de ses investigations devenait de plus en plus étendu. Les quotidiennes relations avec l'Italie, les nombreux « Barcelonnettes » qui émigraient au Mexique, avaient amené dans les actes des complications parfois délicates. Arnaud voulut avoir la raison de ces particularités et compléter ses connaissances sur le droit particulier à ces régions. Il publia à ce sujet cinq brochures.

D'autre part, en consultant les actes et les parcellaires, il eut maintes fois l'occasion de constater que nombre de parcelles qui avaient fait l'objet d'actes de vente n'existaient plus. Il fut très surpris d'une pareille disparition de champs de culture. Mais, en explorant les lieux, il constata bientôt que, parmi ces parcelles, les unes avaient été emportées par les torrents, tandis que d'autres se trouvaient enfouies sous des nappes de graviers stériles. Pourquoi, se demanda-t-il, certains torrents affouillent-ils leurs berges, tandis que d'autres exhaussent leur lit ? L'examen attentif des torrents lui démontra bientôt que ces particularités dépendaient d'un certain nombre de facteurs : de la forme et de l'étendue du bassin d'alimentation, de la nature du sol et du sous-sol, de la forme et de l'intensité des précipitations atmosphérique, de l'état de la végétation sur ces surfaces, etc.

Pour résoudre ces nouveaux problèmes, il dut élargir encore notablement le cercle de ses recherches ; étudier la topographie et la constitution géologique des montagnes, l'état de la végétation, les variations des phénomènes atmosphériques, c'est-à-dire l'orographie, la météorologie, l'hydrologie, la géologie et la minéralogie en même temps que la botanique. Arnaud devint donc alpiniste et géologue.

Ces investigations lui fournirent un abondant répertoire de notes, de faits, de renseignements, de documents qui furent pour lui une mine précieuse de matériaux pour composer les travaux qu'il a publiés et ceux plus nombreux encore qui étaient en préparation. Aussi nul mieux que lui ne parlait en connaissance de cause de ce qui était relatif à la vallée de l'Ubaye. Il avait à cœur, en effet, de la faire connaître non seulement par une foule de notices d'un haut intérêt, et par des conférences à travers la France, mais encore en favorisant de tout son pouvoir les études locales, et son exploration par les savants et les touristes.

Il fut l'ami éclairé de tous les naturalistes locaux ; de l'ornithologiste distingué l'Abbé Caire, du voyageur naturaliste Chabrand, du botaniste M. Derbez, et comme l'intime familier de tous ceux qui couraient la montagne, les chasseurs et les bergers.

Les savants de passage trouvaient chez lui, non seulement la plus gracieuse hospitalité, mais encore un compagnon incomparable et un mentor précieux qui leur évitait les recherches inutiles, comme au botaniste Toulousain, M. Flahaut, aux officiers de l'Etat-major, et à une foule de touristes et d'explorateurs. Car la flore, la faune, la topographie de sa vallée et de ses chaînes de montagnes, des sommets et des cols, lui étaient familières.

Parmi tous les sujets d'études que présentait sa belle vallée, celui de la nature et de la consuitution du sol le séduisait particulièrement. Aussi, prêta-t-il son concours le plus actif et le plus dévoué aux savants chargés de dresser les cartes géologiques de la région. MM. Haug, Kilian, Zürcher. Les deux premiers surtout l'émerveillèrent par leur haute compétence, par leur belle synthèse relative à l'orogénie des montagnes de l'Ubaye et par leurs études sur les étranges phénomènes de chariage qu'elles présentent.

Laissant à ces savants amis la solution de ces ardus problèmes, il se consacra plus spécialement à l'étude des manifestations des phénomènes d'érosions et d'alluvionnement, et surtout à l'étude du creusement des vallées et de la glaciation.

Nous n'avons connu M. François Arnaud que bien tard, car, en 1887-88, lors de nos explorations des montagnes de la haute Ubaye et de l'Ubayette, nous ignorions son existence. Ce ne fut qu'en 1890 que nous entendîmes parler de lui, pour la première fois, par des touristes étrangers qui avaient fait sa connaissance à Barcelonnette et qui nous apprirent, non sans ironie, que, dans ce trou de l'Ubaye, vivait un notaire qui s'intéressait à toutes choses et se mêlait de cultiver à la fois toutes les branches du savoir humain

Aussi, grande fut notre surprise quand, en 1893, à sa première visite, nous nous trouvâmes en présence d'un homme grave et pondéré, dont toutes les paroles reflétaient des connaissances précises et étendues. Dès ce jour nous fûmes amis, et nos relations demeurèrent constantes, entretenues qu'elles étaient par le mutuel besoin que nous avions de nous communiquer nos observations, nos découvertes et nos difficultés.

La glacialogie surtout nous avait séduits ; mais nous l'avions abordée par des procédés diamétralement opposés. Arnaud était éblouissant d'érudition. Il avait étudié la géologie dans les auteurs et s'était nourri de la littérature abondante relative aux hypothèses et aux travaux sur les glaciers quaternaires ; et, après avoir adopté la théorie qui lui semblait la plus vraisemblable, il en faisait l'application sur le terrain.

Quant à nous, privé de maître, dépourvu de livres, et n'ayant pas la précieuse ressource du voisinage d'un musée ou tout au moins d'une collection particulière, nous allions devant nous, dans nos excursions, en observateur attentif aux choses, aux faits,aux différences et aux ressemblances. Et, peu à peu, nous reconnûmes à l'œil toutes les roches des Hautes-Alpes sans savoir le nom scientifique d'une seule ; nous connaissions les glaciers, leurs mouvements, les caractères particuliers de leurs dépôts. Et ce ne fut qu'après ces recherches sur le terrain que nous abordâmes l'étude de ces choses dans les livres et celle des théories courantes.

Pendant nos explications à travers les vallons de l'Ubaye, de la Durance, du Buëch et de la Bléone, quelles discussions vives et parfois orageuses ! Avec son esprit prime-sautier, sa connaissance impeccable des théories régnantes, Arnaud était un redoutable discoureur, toujours en éveil, toujours documenté toujours prêt à la riposte. Il apercevait au premier coup d'œil la faiblesse d'un raisonnement ou d'une démonstration. Sous tous ces rapports, il nous était infiniment supérieur. Et contre ce terrible logicien nous n'avions qu'une unique ressource, largement suffisante, il est vrai, l'observation des faits sur le terrain.

Mais, depuis qu'il avait accepté comme fondée l'ingénieuse synthèse des glaciations alpines successives de MM. Kilian et Penck, Arnaud, malgré son esprit sceptique, semblait être devenu, pour cette question, beaucoup plus théoricien que praticien. Sur le terrain, la recherche patiente des détails pour y trouver une preuve décisive l'énervait, et, dans sa conviction, il comptait plus sur la force de sa logique que sur la valeur des faits.

Sur le terrain, notre ami s'établissait sur un point assez élevé pour dominer tout un horizon morainique dont il faisait la synthèse comme s'il s'était servi d'un gabarit. Et de quel œil goguenard, de quels lazzis, il nous accompagnait du haut de son belvédère pendant que nous explorions, une pierre après l'autre, les talus des ravines voisines !

En 1897, après que nous lui eûmes fait visiter les superbes vestiges de glaciation des vallées latérales de Seyne-les-Alpes et de Bréziers, il nous proposa de publier un travail en commun sur ces incomparables recoins.

Soit. Rédigez la notice, ami Arnaud, puis nous verrons si nous pouvons nous mettre d'accord. Quinze jours après nous recevions le mémoire. Mais, après lecture, nous estimions que tout était à changer. Et une correspondance active se poursuivit pendant plusieurs mois sans qu'il fût possible de trouver un terrain d'entente.

Ceci nous brouilla ; et pendant quelques temps il y eut, entre nous, un silence absolu. C'était lancinant ; mais comme c'était lui qui avait brusqué la rupture, nous attendions. Une lettre enfin, dans laquelle Arnaud nous traitait amicalement de *banard* (têtu), nous donnait rendez-vous à la gare.

« Embrassons nos vieilles barbes, nous dit simplement cet ami en nous tendant les mains ».

Et depuis, plusieurs fois par an, il venait passer de longues heures avec nous pour causer de nos recherches, de nos travaux, des choses à faire et pour discuter certains détails.

Heures délicieuses et rapides qu'êtes-vous devenues ?

Nous aimions Arnaud par sympathie naturelle, nous l'estimions pour la sûreté de ses conseils et pour sa franchise gauloise ; nous lui étions reconnaissant de l'affection qu'il nous témoignait, car nous avouons que nous n'avons jamais trouvé en nous quelque raison qui pût la justifier.

Dans nos relations il n'était jamais question, pendant nos entretiens, que de choses scientifiques. Mais vraîment, dans cette vie d'intimité, à travers nos vallées, il était bien difficile, dans les mille circonstances, que les pensées et les opinions ne se fissent pas jour.

Sans doute, il serait délicat de conclure de ces impressions passagères et tout à fait accidentelles, à ses réelles manières de voir. Toutefois, nous avons ainsi acquis la conviction que, dès la fin de ses études, Arnaud avait un programme très défini, et des idées très avancées aux points de vue politique, social et religieux.

Avide de liberté, de justice, il allait, sans contrainte, droit devant lui, abattant, dans ses croyances, tout ce qui lui paraissait arbitraire, tyrannique, absurde, autoritaire, et mettait dans le même sac les mythes, les fictions, les légendes, les dogmes et les religions.

Nous ne pûmes nous empêcher de lui faire remarquer combien cet abattage absolu nous peinait au point de vue religieux. Et ce fut tout. Lui, de son côté, ne se scandalisait pas de nos croyances ; car la liberté n'était pas un vain mot pour lui. Il la voulait égale pour tous et désapprouvait les sectaires.

Malgré ses opinions très avancées, on dirait qu'il s'est plu à développer dans sa conduite l'antithèse des principes qu'il avait adoptés ; car, il semble avoir été constamment guidé par la plus pure et la plus idéale des doctrines.

Avec sa vivacité de tempérament, l'énergie de son caractère, nous nous imaginions qu'il devait être terrible dans la colère, et nous aurions été curieux d'en apprécier l'intensité. Mais cette âme ardente avoit dompté et pondéré ses nerfs ; si bien que, dans les circonstances les plus critiques, nous le vîmes toujours demeurer fort et serein.

Son cœur sensible et libéral s'émouvait à la pensée de ceux qui souffrent et qui peinent ; aussi maintes fois nous avons retrouvé les traces de ses généreuses et secrètes libéralités. Jamais nous n'avons entendu sortir de sa bouche une médisance ou une parole désobligeante. Et cependant combien de fois nous avons vu des gens lui jeter la pierre en secret !

Arnaud aurait pu être méchant, mais une pareille bassesse répugnait à la nature de ce cœur dont la bienveillance constante s'épanouissait en une si communicative gaîté qu'elle aurait déridé tout l'Olympe.

Homme de progrès et du jour, il était cependant comme un survivant de la Grèce antique, car il avait l'élégance, l'esprit et des goûts d'une délicatesse d'athénien.

Ses connaissances étendues et profondes, ses qualités éminentes, le charme, l'aménité de son caractère, l'élégance, la finesse, la précision de sa diction, sa joyeuse franchise, lui avaient donné une haute influence dans la vallée de l'Ubaye et dans toutes les Basses-Alpes.

Mais ces brillantes qualitéspersonnelles lui donnaient trop de prééminence sur ces compatriotes. Aussi, eut-il occasion de rencontrer sous ses pas des vanités froissées, des prétentions déçues, et le cortège inévitable des secrètes et mesquines jalousies qui s'éveillent trop souvent dans les encognures du cœur humain en présence de ce qui est supérieur.

Arnaud avait l'âme trop haute, l'esprit trop libéral, le cœur trop généreux pour s'en offusquer, et il parlait de ces accidents d'une manière aussi détachée, aussi impersonnelle que s'il se fût agi d'un inconnu.

Il n'avait d'autre but, d'autre aspiration que de faire connaître sa belle Ubaye, et d'y voir réaliser, d'une manière pratique, tous les progrès que demandaient le bien-être et le perfectionnement de ses habitants.

Grâce à sa sollicitude, à ses efforts aussi opiniâtres que prudents et discrets, il fut comme une Egérie pour Barcelonnette, où tout se faisait sous son inspiration, où rien ne se fit qui ne portât l'empreinte de sa haute intelligence et de son esprit positif.

Le sort qu'il a eu dans sa petite patrie et le profond sillage qu'il y a laissé et qui lui survivra, a la plus grande analogie avec l'action sur Athènes de l'illustre Périclès dont il avait l'esprit et les aptitudes éminentes.

S'il ne fut pas appelé à la place qu'il méritait d'occuper mieux que personne, notre inestimable ami, eut au moins la satisfaction de voir se réaliser, à Barcelonnette et en Ubaye, quelques-unes des idées fécondes qu'il y avait semées comme à pleines mains.

Il fut le fondateur ou tout au moins, l'âme de nombreuses associations philanthropiques locales, soit comme président, soit comme administrateur : *Société des anciens élèves du Collège; Société de secours mutuels; Société des droits de l'homme; Section de l'Ubaye du C. A. F.*[1]

Il favorisait de tout son pouvoir toutes les initiatives : il était membre de toutes les sociétés littéraires ou

[1] N'oublions pas : « La Société protectrice des Marmites de l'Ubaye », Société Anonyme à capital illimité et à dividendes invariables, siège Social à Barcelonnette, 1903.

scientifiques du Sud-Est, membre fondateur de la *Société d'Etudes des Hautes-Alpes* depuis le 4 septembre 1890 ; et membre aussi de la *Société géologique de France* depuis 1875.

Les recherches historiques d'Arnaud n'auraient pas été complètes si elles avaient été limitées aux documents de la vallée de l'Ubaye. Aussi il accomplit de fréquents voyages pour élucider nombre de questions en allant consulter les archives de Turin, Nice, Marseille, Avignon, Grenoble et celles de bien d'autres villes[1].

Mais il ne bornait pas ses recherches aux temps historiques. Pendant ses explorations, il donnait aussi une attention toute spéciale à la préhistoire, afin de retrouver, dans ses hautes vallées, des vestiges de leurs premiers habitants. Et, pour se faire l'œil, il vint prendre part à nos recherches de stations néolithiques, à nos fouilles dans les tumuli de la vallée du Buëch, ou à celles des grottes néolithiques de Sigottier dont l'outillage en silex l'émerveillait par la finesse de ses retouches, l'élégance et la symétrie de ses contours.

Malgré ses recherches répétées, l'Ubaye ne lui offrit aucun vestige des âges de la pierre éclatée.

Mais il y recueillit, avec le plus vif empressement, 27 haches polies en pierres vertes de la haute Durance. Chose bizarre, toutes ces pierres polies furent trouvées dans les hautes prairies alpestres, au-dessus des forêts.

Deux hypothèses se présentaient pour expliquer la présence de ces vestiges dans les hauts alpages.

Ces haches polies auraient-elles été considérées, par les populations pastorales, comme des *amulettes,* des *totem* capables de préserver leurs troupeaux contre la clavelée, ainsi que le supposait le pasteur Benjamin Tournier ? Comme aucun fait positif n'avait pu confirmer cette hypothèse, Arnaud espérait pouvoir établir,

[1] Il a légué ses nombreux répertoires de notes et ses manuscrits à la bibliothèque publique de Digne.

qu'à l'époque de la pierre polie, les premiers habitants de l'Ubaye avaient, pour chemins, les hautes prairies alpestres et évitaient ainsi les difficultés du fond des vallées coupées d'à-pics infranchissables ou de pentes couvertes de forêts vierges.

Hélas ! ce travail est demeuré inachevé.

Si les vestiges néolithiques sont rares, au point de faire défaut dans l'Ubaye, en revanche ceux de l'âge du bronze y abondent et semblent indiquer une population déjà très dense, puisque, en 1862, Charles Chappuis, recteur de l'Académie de Grenoble, indique[1] de riches trouvailles en bracelets, anneaux, fibules, torques etc., dans 37 localités réparties sur toute l'étendue de ce territoire.

François Arnaud qui commençait alors ses recherches eut la bonne fortune de pouvoir retrouver, et centraliser dans ses collections, une bonne partie de toutes ces précieuses découvertes.

Les petites dimensions de la plupart des bracelets en bronze recueillis dans les sépultures de l'Ubaye lui suggérèrent l'idée que ces objets de parure appartenaient probablement à une race spéciale à petits bras ; peut-être aux ascendants de ces tribus de bohèmes ambulants, habiles chaudronniers et braseurs qui traversent encore parfois nos vallées.

Attribuer l'introduction du bronze à des bohèmes ambulants était une idée originale et qui ne manque pas, paraît-il, de vraisemblance.

Pour élucider cette question, Arnaud entreprit, l'année dernière, presque à la veille de sa mort, un fantastique voyage à travers toute la France, une partie de la Belgique, de l'Allemagne et de la Suisse, à la recherche des tribues de braseurs ambulants d'une part et, d'autre part, pour visiter les plus importantes collections

[1] Charles Chappuis. *Etude archéologique et géographique sur la vallée de Barcelonnette*, avec 2 cartes, 4 planches, in-8° de 92 p. Paris, 1862.

de l'âge de bronze des musées publics ou particuliers. Dans ces visites, il pratiquait des mensurations précises sur les poignets des sujets vivants hommes ou femmes des tribus errantes, de Romanichels, afin de comparer ces dimensions avec les mesures prises sur les innombrables bracelets des populations préhistoriques.

En juin, à son retour, il était ravi du résultat de ses investigations et avait hâte d'établir ses tableaux comparatifs pour en déduire des conclusions. Mais la mort ne lui en laissa pas le temps et terrassait cet infatigable travailleur le 23 juilet 1908.

En outre de cette collection préhistorique qui demeure la propriété de son fils M. Pierre Arnaud, il avait formé une collection des roches et fossiles de l'Ubaye qu'il a léguée au laboratoire de géologie de la Faculté de Grenoble.

Il aurait été à propos de donner un aperçu de ses diverses publications. L'espace nous manquant nous dirons seulement quelques mots de deux de ses principaux travaux et nous nous bornerons à donner à la suite le titre de ses œuvres.

1° *L'Appendice complémentaire et rectificatif de la Carte d'Etat-Major de l'Ubaye et du Haut-Verdon* est un travail de longue haleine de 218 pages, par lequel il ajoute, aux 735 noms de lieux donnés par la Carte d'Etat-Major : 1259 noms nouveaux, 626 cours d'eau ; rectifie 109 erreurs de noms, mentionne 34 erreurs topographiques, et donne l'indication de 289 sources de haute montagne, de 118 cols ou pas de crête, et de 14 passerelles.

Ce gros travail de grande valeur est accompagné de 15 cartes.

2° *Dictionnaire du langage de la vallée de Barcelonnette.* Ce vocabulaire de 350 pages est d'autant plus méritoire que son auteur, bien qu'il parlât élégamment l'Ubayen, n'avait pas vécu de la vie intime du montagnard. Il ignorait donc, — comme l'immense majorité de tous les auteurs de dictionnaires patois, à commencer par l'illustre Dr Honnorat, de Digne, — la plupart des expressions techniques relatives aux divers travaux, aux divers milieux de la campagne. Arnaud cependant, avec sa cordiale familiarité, a pu pénétrer assez dans la vie du paysan pour y recueillir une belle somme de mots qui donnera une grande valeur à son dictionnaire.

Mais combien de lacunes qui donnent l'impression d'une grande pauvreté de mots. Seul, celui qui a vécu, jusqu'à son âge mûr, de la vie intime et laborieuse du paysan, et qui a été berger, laboureur, charretier, etc., pourra faire un travail complet[1].

C'est en toute sincérité que nous avons essayé d'écrire cette notice sur François Arnaud. Nous l'aurions voulue plus complète ; mais, en présence de difficultés diverses pour avoir des renseignements sur cette vie, si complexe et si remplie, nous avons dû nous limiter uniquement à nos propres souvenirs. Et combien pâle nous paraît notre travail quand nous le comparons à l'impression générale que nous avaient laissée quinze années de relations, de discussions, de controverses et d'études communes.

De quinze mois plus jeune que nous, mais d'une vitalité plus puissante, d'une énergie étonnante, nous nous étions complu dans la pensée qu'il nous survivrait et qu'il aurait soutenu, de sa haute autorité, les conclusions qui nous étaient chères.

Combien sont rares les hommes qui, comme lui, savent employer, à œuvre utile, les heures libres de leur existence. Non, nous n'avons pas connu d'homme aussi enthousiaste, aussi tenace au travail, aux idées aussi larges et aussi lumineuses, au cœur aussi libéral et

[1] A ce sujet, Honnorat a absolument ignoré cette vie d'intimes préoccupations et de pénibles labeurs de l'homme des champs, à en juger du moins par l'absence du plus grand nombre de termes usités dans les obscurs travaux du campagnard.

BIBLIOTHÈQUE NATIONALE ... IMPRIMÉS

aussi cordialement épanoui que François Arnaud. Personne aussi ne s'est moins ennuyé que lui dans la vie, car le travail donne toujours son incomparable récompense.

29 janvier 1909.

* * *

LISTE DES ŒUVRES DE FRANÇOIS ARNAUD

Lois italiennes sur les conciliateurs, 19 pages.
Etude sur le notariat au Mexique, 12 p.
Etude sur l'exécution des actes notariés en Autriche, 20 p.
Loi réformant la procédure sommaire en Italie, du 30mars 1901, 4 p.
Etude sur le colonage partiaire et ses rapports avec le contadinat, particulièrement en Dalmatie, 62 p.
Les Barcelonnette au Mexique, 73 p.
Sceau d'un seigneur de Beuil, 9 p.
Saint-Guilhem-le-Désert, 4 p.
L'Abbé des Oiseaux, in Bull. Soc. Et. H.-A.
Une patente d'immunité du 28 juin 1650, 4 p.
Le VIIe centenaire de S. J. de Matha, 6 p.
Conférence sur la vallée de Barcelonnette, 11 p.
La moisson des lys, poésie de P. Arène, musique de Fr. Arnaud, avec accompagnement de piano.
Serenado outounalo, paroles et musique de Fr. Arnaud, avec accompagnement de piano et titre illustré.

Ascension du Grand-Rubren, Ann. C.-A.-F., 1875.

La 1re église du couv. des Dominicaines à Barcelonnette, 20 p. et 4 pl.

François Tavan, astrologue de Seyne, 11 p.

L'instruction publique à Barcelonnette, étude hist. et pédago. sur les écoles, collège de St-Muarice, école normale d'instituteurs, 158 p.

Balade des notaires de Barcelonnette, poésie de Fr. Arnaud et de Gabriel Morain, musique de François Arnaud, avec accompagnement de piano et titre illustré.

Notice histor. sur les torrents de la vallée de l'Ubaye, 40 p.

La tête de Moyse, avec vues, Ann. C.-A.-F.

La complainte de Taïtou, en vers, avec musique.

Les tribulations d'un notaire à Barcelonnette sous la Terreur, 14 p.

L'éclairage électrique à Barcelonnette, 6 p.

L'élétricita à Barcilouna, plaquette de 14 p. avec illustr., titre illustré en couleur p. Emile Guigues.

Barcelonnette, vallée de l'Ubaye, p. M. M...ise, congrès du C.-A.-F. de 1908, 46 p., 24 vues.

Marche des Cacuminipètes, avec musique, accompagnement de piano et 14 illustr. d'Emile Guigues, 16 p.

Le notariat, l'insinuation et le collège des notaires à Barcelonnette aux siècles passés, 79 p.

Le Cerf de Grange-Commune, 13 p.

L'altitude primitive des Alpes Dauphinoises, 13 p.

Comparaison des transports par les glaciers et des transports par les fleuves, 20 p.

A U... à U... à Uriage, avec accompagnement en vers libres, 14 p.

Les livres fonciers, communication au congrès internat. de la propriété foncière, du 13 juin 1900, 10 p.

La Barcilounésa, marche alpine, sur un air pyrénéen en langage de Barcelonnette, avec musique et une couverture ilustrée par Emile Guigues, 5 p.

Un chasseur de chamois, avec portrait du père Cuzin, une gravure, 6 p.

Les Marmites de l'Ubaye, 30 p.

Etude sur le Docteur Honnorat, de Digne et Mistral, 35 p.

La création du monde, de la femme et de ses puces, en vers libres, 10 p.

Conférence sur la loi de séparation des églises et de l'Etat, du 9 décembre 1905, 40 p.

Appendice complémentaire et rectificatif de la carte d'Etat-Major de l'Ubaye et du Haut-Verdon, toponymie de ces bassins, ouvrage couronné par la Soc. de géogr., avec 15 esquisses, 216 p.

Réponse aux « Erreurs de la Carte de France » du général Berthaud, 43 p.

Essai de grammaire du langage de la vallée de Barcelonnette : vocabulaire de 6.000 mots, 175 dictons et prov., langage du terroir de 1950 mots, 400 sobriquets de famille, précédé d'une préface par M. Paul Meyer, de l'Institut, 350 p.

8° X 11654 et 4° X 1043

N.-B. — La plupart de ces travaux ont été publiés de 1890 à 1908.

BIBLIOTHÈQUE NATIONALE
IMPRIMÉS

Extrait du Bulletin de la *Société d'Etudes*, 1er trimestre 1909, n° 29

www.ingramcontent.com/pod-product-compliance
Lightning Source LLC
LaVergne TN
LVHW020457230826
846091LV00008BA/3247

* 9 7 8 2 0 1 9 9 6 6 8 6 7 *